Manuel d'Auto-Coaching Méthode EVAF

Christophe Pank

www.hno-hypnose.com
www.laboratoire-hypnose.com

Table des matières

Du Même Auteur Chez HnO Edition

1/ *Initiation à l'Hypnose Classique Curative (Oct-2012)*
2/ *Méthode d'Auto* Hypnose (Nov-2012)
3/ *Hypnose et Régressions (Janv-2013)*
4/ *Initiation à l'Hypnose Urbaine (Dec-2012)*
5/ *L'ésotérisme décrypté par l'hypnose (Avr-2013)*
6/ *Hypnose avec les Enfants (Mai-2013)*
7/ *Mieux éduquer ses enfants grâce aux outils de l'Hypnose (Juin-2013)*
8/ *CrossTherapy (Oct-2013)*
9/ *Mes Premiers pas sur la loi d'attraction (2013)*
10/ *Hypnose H-Ultra Ou Hypnose Profonde (Nov-2013)*
11/ *Laboratoire Hypnose Volume 1 (Oct-2013)*
12/ *CT Energetics : Magnétisme et Transes (Janv-2014)*
13/ *Chercheur sur la Loi d'Attraction (Janv-2014)*
14/ *Hypnose et Hypnosophie (Avr-2014)*
15/ *Apprendre le système TPA (Mai-2014)*
16/ *Hypnose et Posture du Praticien (Juil-2014)*
17/ *Hypnose et la Pre-test Therapie (Oct-2014)*
18/ *Base de PNL Interpersonnelle (Nov-2014)*
19/ *Base de la PnL Coaching (Fev-2015)*
20/ *Périple d'un Praticien d'Hypnose contre le Cancer (Fev-2015)*
21/ *Manuel de Formation à l'Auto Amour (Avr-2015)*
22/ *Hypnose et Douleur (Juil-2015)*
23/ *Cette Hypnose Ascendante nommée Hyperempiria (Sept-2015)*
24/ *Hypnose Elmanienne (Nov-2015)*
25/ *Questiosophie (Fev-2016)*
26/ *Crépuscule de l'Hypnose (Avril-2016)*
27/ *Pouvoir Limité (Mai-2016)*
28/ *Hypnose Spirituelle (Août-2016)*

29/ Hypnose Invisible (Oct-2016)
30/ Hypnose et Anneau gastrique hypnotique (Janv-2017)
31/ Hypnose : Ses premiers pas comme praticien (Avr- 2017)
32/ Hyperempiria et Maitrise de soi (Juil-2017)

Disponible en Anglais :

32/ My first steps on the Law of Attraction (Feb 2013)
33/ Hypnosis and Pain Management : The study of the Hypno-Analgesia Process (Jul 2015)
34/ Limited Power : Accepting our own limits is to open up our real potential (May 2016)
35/ Hyperempiria and Self-Mastery
36/

Introduction

J'aime le coaching, même si aujourd'hui je le pratique plus rarement dans le cadre du cabinet, j'ai mis en place des techniques hors cadre thérapeutique, pour mes amis, mes élèves et des personnes que je peux croiser, qui ont besoin d'un petit remontant. Autant la thérapie, à mes yeux, entre dans des codes très spécifiques, **autant le coaching est plus souple**. Quand je me demande ce qui m'anime à rechercher, partager et développer des méthodes pour soutenir le potentiel humain, la réponse qui m'apparait le plus clairement, est **la volonté d'éveiller une évidence/ un potentiel en chacun.** Un grand mot pour parler de cette énergie, qui vibre de nous et qui *nous chuchote sans cesse ses orientations*, perdue dans le brouhaha de nos pensées et celles des autres. Dans cet ouvrage, je vous propose de découvrir un ensemble de réflexions pour *vous permettre de plonger vous-même dans un auto-coaching* et vous amener à avancer vers une réalisation possible de vos objectifs. Vous trouverez des propositions sur *la représentation que nous nous faisons des envies et des besoins* dans une démarche de coaching personnel. Je partagerai également **ma méthode EVAF (Evidence/Vision/Attitude/Focus)**. Ce système a pour but de nous donner des étapes afin de travailler sur nos objectifs. Ce n'est pas un manuel pratique à proprement parler, plus un manuel d'orientation pour ceux qui travaillent sur eux-mêmes ou avec des partenaires en session.

Je vous invite donc à prendre un moment avec vous-même pour vous interroger, vous découvrir et peut être, trouver ce qui vous anime.

Vous êtes plein de potentiels qui n'attendent que vous pour les allumer, les découvrir et les habiter.

1/ Besoin versus envie

J'aime les **péchés capitaux**. Certainement parce que je suis un grand pêcheur. Régulièrement je m'interroge pour savoir pourquoi des livres anciens vont jusqu'à juger des émotions et des comportements tellement humains. Nous sommes au XXIe siècle avec comme Dieu, l'argent et le marketing comme principaux anges. Nous passons une grande partie de nos journées, **à être stimulés** par des publicités et autres jingles. Entre nos ordinateurs, la télévision et les affiches de toutes parts, ce monde nous induit de plus en plus à consommer. Cela éveille **l'envie**, cette sensation qui nous donne une fixation que nous souhaitons rapidement combler. *Les envies sont multiples, voire même infinies.* Nous sommes certains que si nous ne suivons pas l'envie, cela pourrait nous obséder. De plus, nous avons dans la culture occidentale des citations du type : la meilleure façon de résister à la tentation, c'est d'y céder (O.Wilde). Nous nous programmons donc à souhaiter céder à nos envies, malheureusement, notre société nous en propose toujours de nouvelles. Dans le domaine du coaching, nous avons de nombreux partenaires qui viennent en cabinet, qui nous parlent de ce qu'ils veulent. Quand je commence à les interroger pour avoir plus de précisions, je me rends souvent compte que *tout cela n'est qu'une envie.* Prendre **l'envie comme une pulsion, une étincelle de vie**, un élément qui nous pousse à faire un premier pas. Seulement, si cela ne reste qu'une envie, nous n'avons pas la capacité à nous projeter.

Nous attendons un retour sur investissement rapidement. C'est pour cette raison *que beaucoup de coachés ne terminent pas leur programme ou abandonnent leurs objectifs.* L'envie est une **incitation**, elle est peut-être **cette clef qui va démarrer votre moteur**, seulement si vous restez simplement sur cette envie, vous allez l'épuiser et plus encore, vous allez changer votre cheminement vers une autre envie. *Apprendre à reconnaître nos envies et les respecter sans y céder est un cheminement qui peut être difficile pour notre civilisation.* Nous pouvons nous rendre compte à quel point il est difficile de définir une envie ou un besoin quand il s'agit de manger. Beaucoup ont envie de manger, peu ont besoin de manger. Nous avons été habitués, par des lobbies, de manger trois fois par jours, nous avons assimilé cela comme un besoin alors que pour beaucoup, cette façon de s'alimenter ne correspond pas à leurs besoins quotidiens. Avez-vous remarqué comment vous pouvez être apaisé de façon transitoire quand vous avez nourri une envie. *Tout s'apaise dans le corps et l'esprit, jusqu'à la prochaine fixette.* Quand vous gérez un besoin, cette sensation dure dans le temps, comme si tout **était en train de s'aligner**. C'est d'ailleurs un élément qui fait que parfois, dans vos choix, vous semblez insatisfait d'un achat ou d'une décision, simplement parce que vous **avez cédé à une envie** mais que vous n'aviez pas un besoin en vous qui vous poussait à consommer. Nous sommes donc du pain béni pour les marketeurs actuels, qui arrivent à nous faire croire que nous sommes dans un besoin de quelque chose, alors que nous ne sommes que dans une simple envie.

1- Prenez un moment pour voir les envies que vous avez.
2- Sont-elles si essentielles ?
3- Pouvez-vous les changer par d'autres envies ?
4- Comment vivrez-vous sans ?
5- Si vous cédez à cette envie, combien de temps serez-vous satisfait ?

Alors une envie est-elle un pêché ? Je ne pense pas que ce soit dans la notion de céder ou pas, mais plus de prendre conscience que si nous restons sur nos envies, nous ne développerons jamais **une vision de vie**, une orientation de vie. *Nous allons vivre en surfant sur la vague des envies,* prenant plaisir, sans nous construire ou construire ce qui nous appelle en nous. Simplement, parce que nous ne serons pas capables d'écouter cette voie, cette force en nous, nous deviendrons de plus en **plus incapables de fixer notre attention.** Cela n'a rien de surprenant, que nous soyons dans une société dans laquelle nous trouvons de plus en plus de troubles de la concentration ou de l'attention. *Nous sommes dans des envies qui nous coupent de toute vision, de toute perspective.* Alors je sais qu'à ce discours nous pouvons objecter que nous ne sommes pas dans une vie que nous pouvons prévoir. Peut-être que nous allons passer une vie sur un projet, un futur et ne jamais atteindre un objectif. Nous aurons **sacrifié** des moments agréables pour rester sur une ligne de conduite. C'est vrai, cela peut faire peur et démotiver.

Seulement, il y a confusion à ce moment-là, quand nous **savons que nous nous orientons là où nous nous sentons connectés**, que nous sommes dans **notre évidence/potentiel**, le chemin a autant d'importance et apporte autant de plaisir que son aboutissement. Seulement à la place de cet aliment de stimulation peu nourrissant, nous augmentons la qualité de ce que nous 'consommons'. C'est comme si la qualité entre envie et besoin, en termes de retour sur investissement, pouvait se comparer à un fast Food et un restaurant étoilé.

2/ Les Besoins

Comme je viens de vous le dire, nous ne sommes pas dans la même dynamique entre le besoin et l'envie. Le problème que l'on peut avoir c'est que *nous ne sommes plus réellement capables de reconnaître nos besoins*. Nous avons parfois eu des réponses tellement instantanées sur de simples envies que *nous ne repérons plus ce qui est plus fondamental pour nous*. Dans le besoin, nous sommes dans la recherche d'éléments quasiment vitaux. L'exemple que j'aime donner c'est la différence entre avoir envie de boire et sentir que nous avons besoin de boire. Imaginez que vous ne buviez pas pendant 2 jours, il y a de fortes chances que le ressenti que vous allez avoir, va être différent des moments de la journée où vous avez envie de boire. Les besoins nous sont essentiels pour notre survie. Nous sommes tellement embrouillés dans nos besoins qu'il est parfois utile de laisser aller les envies, pour se rendre compte qu'en réalité, *ce n'était pas vraiment ce que nous souhaitions*. C'est une méthode pour les personnes qui sont dans leur travail sur le poids. En cédant à ses envies, pas simplement une fois mais en allant à fond dans l'envie sans retenue, il y a de fortes chances que celle-ci s'amenuise, voire disparaisse. C'est un des paradoxes que nous observons régulièrement, quand nous limitons la frustration de ne pas céder à l'envie et que nous la comblons régulièrement, cette envie s'estompe. Certains diront qu'ils se goinfraient sans limite, seulement c'est justement parce qu'ils n'écoutent pas l'envie pleinement, se culpabilisent et donc se stoppent au milieu.

15

Cette stratégie a pour utilité de venir **se reconnecter aux besoins**, à ce dont le corps a réellement besoin dans le quotidien. **Le besoin est donc plus profond**, c'est ce que nous cherchons à **définir lors des questionnements et les créations d'objectifs** que nous mettons en place avec le partenaire. Comme je le soulignais, dans un premier temps, **l'énergie de départ** pour la majeure partie des cas est basée sur l'envie. Une nouvelle vie, une nouvelle activité, un nouveau comportement ou une nouvelle stratégie sont des moteurs de départ pour la plupart des partenaires. J'observe souvent que cette motivation est orientée vers un idéal. Lors de l'entretien et de la recherche des leviers, nous pouvons nous axer **vers ce qui est 'primordial'**. C'est pour cette raison que **la définition d'objectif est cruciale**. *Nous savons d'ailleurs que plus nous seront précis et plus le partenaire pourra se rendre compte qu'il ne sait pas précisément ce qu'il souhaite.* Et c'est là, une des beautés de l'envie, qu'exploitent les bons manipulateurs. Ils confusionnent et laissent l'orientation **dans le vague** ouvrant à d'autres envies. Imaginez simplement que c'est comme une bulle que vous écrasiez et qui donne deux petites bulles et ainsi de suite. Notre rôle de coach va être de permettre de donner conscience de **la présence** de quelque chose **de bien plus profond**. Parfois cela va simplement être une ouverture à ses potentiels exploités, d'autres fois à des potentiels en attente et enfin il arrive que vous puissiez permettre *de découvrir l'évidence/potentiel de votre coaché.* C'est à mes yeux l'objectif ultime pour un coach et c'est également un mouvement tellement important pour le partenaire que cela pourra l'éveiller à lui-même.

Pour ceux qui ont lu mon essai 'Pouvoir limité' j'explique que nous avons un terrain que je nomme **le Field**. C'est dans cette zone que nous prenons conscience de nos potentiels. *Le moment où nous sommes dans l'exploitation des différents potentiels de notre field et que nous réunissons ce tout, nous entrons dans notre évidence.* Le besoin le plus puissant de notre être. Ce qui est étonnant, c'est qu'il y a une difficulté pour l'entendre. C'est comme ce que je vous proposais, nous sommes tellement dans nos envies que nous n'écoutons plus nos besoins et encore moins les plus profonds. Il y a aussi une possibilité d'être induit en erreur à cause des désirs. Les désirs dans ma sémantique représentent *une envie qui devient persistante*, sans pour autant être 'vitale'. C'est comme si **cette fixette** devenait de plus en plus présente dans l'esprit. D'ailleurs la jalousie est souvent liée à un désir mal orienté. Nous savons en thérapie que lorsque nous recadrons un désir, il peut assez facilement être transformé et compensé, voire effacé, par *la découverte du besoin qui se cache derrière*. Pour aller plus loin, plus nous allons découvrir les motivations des envies et plus encore des désirs, plus nous avons une porte d'entrée pour découvrir le besoin qui en est l'origine. Comme vous le constatez, les trois éléments sont liés, ils ne touchent simplement pas les mêmes profondeurs de l'être. Plus nous cherchons au fond de nous, plus nous nous connectons à ce qui a réellement de l'importance. Cela nous offre la possibilité d'aller chercher ce qui nous fera nous focaliser dans les jours, semaines et mois à venir.

Nous pouvons donc 'classifier' de cette façon-là les différents éléments de base de la méthode EVAF :

Envies >> Désirs >> Besoins.

3/ Evidences et Potentiels

Dans la démarche que je vous propose, il est important de réussir de se focaliser le plus possible sur les besoins. Il n'est pas simple de les prendre en compte, uniquement parce que nous n'avons pas été éduqués à cela. De plus, les besoins les plus primaires sont aujourd'hui facilement assouvis dans nos pays occidentaux. La première chose que vous allez pouvoir mettre en place, c'est votre capacité à *choisir quand vous allez céder à vos envies et désirs*. Comme je vous l'expliquais précédemment, l'envie peut facilement nous submerger sur de nombreux éléments de nos vies. Si vous parvenez à ne pas vous laisser embarquer par cette dernière, vous allez commencer à vous centrer vers ce qui est plus important pour vous. Quand vous sentez une envie monter, il vous suffit de vous recentrer. Comme tout chemin du juste milieu, il sera parfois bon de vous laisser aller à l'envie comme une récompense, nous le reverrons un peu plus loin.

Voici **la technique des séquences.**

- Prenez une grande inspiration
- Figez l'idée que vous avez. Cela peut être une pensée, une image, une sensation
- Modifiez les modalités de cette idée, rendez-la plus petite, plus éloignée, plus sombre, etc…, faites comme si vous choisissiez des filtres de photos sur les smartphones.

- Imaginez maintenant que vous allez comme réaliser un film. Cette première image est celle de départ, celle de l'envie, que vous allez prendre comme référence.
- Maintenant vous allez monter votre séquence, en imaginant l'image/pensée que vous souhaitez mettre en place.
- Prenez une image/pensée positive ou alternative qui remplacerait cette pensée. Prenez un moment pour qu'elle corresponde à quelque chose de concret.
- Vous pouvez également modifier les modalités pour que vous puissiez vous sentir bien.
- Puis créez une troisième image/pensée. Celle-ci devra vous faire entrer dans une démarche proactive comme une action physique, se lever, sauter, crier, rire, respirer…
- Enfin une dernière image/pensée qui vous permette de donner la conclusion à ce que vous mettez en place. En somme, comment vous souhaitez vous sentir avec cette envie dépassée.
- Maintenant vous faites comme un replay. Revenez sur la première image, l'envie et puis passez de plus en plus rapidement les séquences qui suivent. Comme si vous étiez en train de faire un film dans votre tête.
- Faites cela au minimum trois fois.

Vous venez de travailler **sur une capacité de focalisation** et une autre faculté que vous mettez en place, celle d'apaiser les envies.

L'idée n'est pas de faire un sacerdoce, simplement de pouvoir vous permettre de *choisir, ou à minima d'avoir une alternative.* Cette étape vous sera utile pour aller chercher dans les potentiels que vous souhaitez mettre en place sans vous perdre sur des idéalisations nées de vos envies fantasmatiques. Dans le coaching EVAF, je reprends des concepts du field de façon plus imagée. Vous allez apprendre à exploiter **le Château de l'Esprit.** Une métaphore pour vous donner l'idée de ce que vous pouvez faire avec **votre lien conscient-subconscient (Transe).** Imaginez que vous vivez dans un château avec d'innombrables pièces, un immense jardin et que depuis votre naissance vous avez pris l'habitude de n'explorer que le couloir de l'entrée et une pièce dans laquelle vous avez mis en place votre quotidien. Peut-être, pour les plus téméraires d'entre vous, avec un travail sur vous, avec du développement personnel ou de la spiritualité, vous avez découvert quelques pièces en plus. Parfois vous y êtes passé, parfois vous avez à peine ouvert la porte et d'autres fois vous vous y êtes rendu un moment, mais sans y allumer les lumières. Il y a de nombreux possibles et chacun, en fonction de son château de l'esprit, est allé là où il est capable de se rendre. Certains d'entre vous, passent le plus clair de leur temps à rester dans le jardin à observer ce qui se passe dans le château d'à côté et à trouver que les bâtisses autour semblent bien plus agréables, grandes, colorées ou vivantes. C'est souvent l'idée que nous donne les envies, *cette recherche vers l'extérieur d'une satisfaction,* sans nous rendre compte que peut être nous avons déjà des lieux et des pièces peut être aussi stimulantes dans notre propre domaine.

Plus nous sommes attirés par ce qui brille à l'extérieur, plus nous nous faisons dominer par nos envies, plus nous avons des difficultés à nous retourner vers ce que nous avons. Notre objectif est d'aller **explorer ce que nous possédons déjà** et, plus encore, d'aller découvrir ces pièces qui nous sont inconnues. **Je mets souvent en avant l'idée que nous ne changeons pas.** Même si j'utilise régulièrement cette sémantique, elle ne représente pas exactement ce que je pense. A mes yeux, les humains ne changent pas fondamentalement, pour une raison simple, **ils ont déjà en eux les potentiels** qu'ils vont exploiter, suite à un travail personnel, spirituel, ou un traumatisme. Cela influera bien sûr **les comportements qui eux vont changer**. Vous allez exploiter ce qui est en vous depuis des années, avec ce que vous êtes depuis que vous êtes né et qui n'attend que d'être découvert et utilisé. Plus vous allez entrer en contact avec ce que vous souhaitez, ce dont vous avez besoin et plus vous trouverez le cheminement pour l'exploiter, (en somme les séquences qu'il vous faut pour aller vers la pièce qui vous permettra de vous sentir aligné) plus vous allez percevoir un sens à ce que vous vivez au quotidien. Il arrive que de nombreuses personnes en arrivent à être lassées par la vie. Comme s'il manquait quelque chose, que **nous avons tellement fait le tour de la place,** que nous connaissons parfaitement, que même si nous rajoutons de nouveaux éléments, liés à des envies éphémères, nous n'en trouvons toujours aucun sens. Nous sentons que nous devons sortir de cette zone. **La zone de confort est devenue comme inconfortable.**

Il y a comme une limite à ce que nous vivons et nous sentons que nous avons tant d'autres choses à voir. C'est cet APPEL, qui parfois s'oppose à ce vécu de la zone de confort, qui peut amener parfois à une léthargie ou un état passif limite de la dépression. Dans la démarche EVAF, il est important *de se mettre dans un état d'esprit pour sortir de sa zone de confort inconfortable, pour s'ouvrir à une zone d'inconfort gérable.* En gros, c'est sortir de notre pièce qui aujourd'hui nous oppresse ou ne répond plus suffisamment à ce que nous sentons être nous-mêmes. C'est comme si dans les autres pièces, il y avait de la lumière, des sons, des sensations qui ne cessent de nous appeler et que nous parvenions à nous en couper. Par le passé, nous avions des stratégies comme mettre la musique à fond, ou nous gaver de plats et en dormant, mais que toutes ces solutions ne donnaient plus satisfaction. Cette force qui nous pousse comme un besoin de plus en nous et pour nous, qui va nous faire *partir à la rencontre de nos potentiels endormis.* **L'envie remplit la pièce, le besoin appelle à vivre dans son château, pleinement.** L'évidence sera cette possibilité à aller explorer et mettre en avant un maximum de potentiels, de pièces de notre château. Comme si tout était tellement justement agencé que tout devenait 'normal' et 'cohérent', avec cette prise de conscience que c'était là depuis tellement longtemps, sous nos yeux et que nous n'avions jamais pu voir ce que cela pouvait apporter. Se rendre compte de la grandeur de notre château, des possibilités de ce dernier et de cette énergie qui pousse à l'extérioriser et l'utiliser le plus possible comme si c'est ce qui devait être fait pour nous.

La question que je pose régulièrement à mes partenaires pour commencer à côtoyer l'évidence/potentiel, c'est de futuriser jusqu'au moment de leur mort et de s'interroger sur l'action, la démarche ou la dynamique qui pourrait vraiment leur manquer ou les mettre dans un état émotionnel puissant. Avec cette question sur ce qui aurait pu être un loupé et qui vraiment pourrait nous faire regretter, sur quoi allons-nous nous arrêter. Tout le monde n'est pas capable de trouver son évidence mais tout le monde est capable de découvrir ses potentiels dormants. J'ai constaté que plus nous avons suivi des envies, plus nous avons du mal avec l'évidence. *Le changement et la multiplicité étant devenus des vecteurs de plaisir à nos vies.* La plupart du temps, vous n'aurez pas à utiliser la méthode EVAF, simplement parce que l'objectif se fixera sur des envies et rarement sur une démarche à long terme sur un besoin. Nous pouvons toujours proposer un recadrage, néanmoins il ne faut pas que cela devienne une contrainte pour votre coaché (ou pour vous-même). Nous allons nous orienter vers une recherche de vos besoins et le développement de vos potentiels pour qu'éventuellement vous puissiez découvrir votre évidence. Ce n'est pas une nécessité, si déjà vous vous connectez à ce que vous souhaitez ouvrir comme potentiel, vous serez capable d'avoir une perspective, une vision.

4/ Sacrifice

Avant de partir en direction de vos potentiels et possiblement votre évidence, je vous propose de vous poser un moment sur **ce que vous êtes prêt à sacrifier**. Je sais que ce n'est pas très vendeur dans le développement personnel de parler de sacrifice. La plupart du temps comme il y a toujours un lien avec l'idée du positif de ne voir que le bon, nous oublions que nous nous impliquons dans une démarche qui potentiellement va **nous imposer une discipline**, le devoir de nous construire des alternatives et de trouver des options. Vous verrez que plus vous allez vous connecter à vos potentiels, ceux que vous souhaitez vraiment apprendre à maîtriser et à développer, plus vous allez sacrifier des moments, des envies et des opportunités que je nommerai secondaires. Ce n'est jamais agréable de penser à cela, notamment quand on se dit que nous allons déterminer un objectif qui nous tient à cœur. Ne nous mentons pas, il y a des moments, il faudra choisir de travailler une demi-heure de plus plutôt que de partir boire un verre avec des amis, ne pas aller en vacances pendant quelques années pour monter un projet. Il y a un investissement autant personnel que matériel que nous devons prendre en compte dans les démarches que nous mettons en place dans nos cheminements personnels. La plupart du temps, *nous souhaitons dealer avec cette idée* et nous dire que nous allons pouvoir tout mêler et, qu'en nous organisant bien, nous allons pouvoir partager notre temps.

C'est souvent le cas quand nous allons vers nos envies. Je peux sembler un peu austère et dur dans cette idée.

Néanmoins, vous verrez que la perspective de ce que vous souhaitez mettre en place et les différentes perceptions, sensations, voire émotions, que vous allez vivre sur le chemin pour la construction de votre projet, **seront souvent beaucoup plus nourrissantes** que les quelques heures que vous allez passer autour d'un verre. Vous verrez même que vous allez être étiqueté, vous aurez facilement l'image de **l'addict à son travail ou de l'obsédé,** voire de l'autiste dans son monde. **Focusser vers un objectif**, qui répond à un potentiel ou une évidence, peut être complètement incompris dans une société qui s'arrête à privilégier les envies aux besoins. **Etes-vous prêt à ces sacrifices ?** Êtes-vous prêt à vous donner suffisamment dans vos ambitions pour réaliser un voyage qui vous conviendra ? Je reprends un principe d'alchimie qui avait été particulièrement bien repris dans un manga qui se nomme 'Full metal Alchemist', le principe de **l'échange équivalent.** Dans ce que je vous propose dans la mise en place de vos potentiels, dans la découverte de votre château de l'esprit, il faut accepter cette règle, qui peut sembler un peu vieillotte, **être prêt à donner de vous et de ce que vous vivez pour obtenir ce que vous souhaitez.** Je ne vous promets pas le beurre et l'argent du beurre comme de nombreuses méthodes peuvent le proposer. C'est parfois ce qui fait que je m'énerve des interprétations de la loi d'attraction. Comme si l'abondance dans ce qu'elle représente, n'était **qu'une action unilatérale du demandeur.** Comme toute énergie, il y a des rencontres de forces, des interactions et souvent un investissement à faire.

S'investir est un mot que nous utilisons sans forcément avoir conscience de l'idée qui se trouve derrière. Vous savez quand vous investissez de l'argent que vous prenez un risque, vous pouvez attendre des retours positifs ou perdre de l'argent. *Il est utile de garder en tête que parfois nous ne parvenons pas à nos objectifs.* Il y a pour cela plusieurs facteurs possibles, en coaching on reste sur la logique que c'est parce que **la stratégie n'est pas juste**. Nous n'avons pas pris le temps de la retravailler ou de la modifier. Nous restons souvent trop rigides plutôt que de rebondir et de trouver de nouvelles alternatives qui pourront nous faire découvrir de nouveaux leviers. L'environnement est souvent désigné comme le coupable de nos échecs. Nous pouvons facilement expliquer que c'est la conjoncture, les autres, la famille, les obligations ou les associés qui font que nous ne parvenons pas à nos objectifs. Même si c'est prendre en compte, nous ne pouvons pas nier le système, il est important de savoir **pourquoi nous n'avons pas su nous adapter,** pourquoi sommes-nous restés dans la même démarche. Dans le coaching nous prenons en compte ce que nous sommes dans un environnement et vis-à-vis de ce que nous pouvons maîtriser et surtout pas le contrôle illusoire des personnes ou des conséquences de ce que nous mettons en place. Alors êtes-vous prêt à faire des sacrifices ?

5/ Mythe de la confiance en soi

Une fois de plus cette sémantique est utilisée quotidiennement, je suis également un rouage de cette idée, m'étant fait happer dans cet automatisme de pensée. J'ai mis en place des audios, voire des sessions complètes sur ce sujet. Pour autant plus je travaille dessus plus je me rends compte que c'est une superbe **illusion de l'esprit**. Nous avons, depuis notre plus jeune âge, cette idée qu'il faut **AVOIR confiance en soi.** Nos professeurs étaient même capables de nous mettre cela sur nos bulletins de notes. C'était comme si nous devions développer une **espèce de compétence académique obscure** dont tout le monde nous parle et dont personne n'est capable de donner les rouages pour y parvenir. Une espèce de quête mystique qui peut prendre une vie entière pour finalement s'avérer n'être **qu'une compétence lambda**. Nous avons accepté **d'idéaliser la confiance en soi**, comme si cela nous permettait d'être un surhomme et que nous pouvions tout réussir parce que nous avions confiance dans une dynamique qui est quasiment indéfinissable. Dans le coaching et encore plus dans l'aide à la personne, c'est le mal absolu. Je pense qu'une majeure partie des partenaires nous demande de travailler sur la confiance en soi. Ce qui est amusant, c'est qu'en plus d'être une compétence, et j'insiste volontairement sur ce mot, c'est-à-dire un élément que l'on devrait acquérir, il y a **une sorte de gradation**. Il n'existe pas de personnes qui n'ont absolument pas confiance en elles. Le manque de confiance en soi ne tient pas cinq minutes face à des recadrages.

29

Par exemple, vous n'avez pas confiance sur quelle notion ? Souvent la réponse est en moi. Avez-vous confiance pour la réussite de votre brossage de dent ? Votre capacité à préparer votre café ? Votre constance dans votre running pluri hebdomadaire ? Bien sûr que oui, c'est tellement intrinsèque à vous-même, c'est tellement dans l'être et si peu dans l'avoir, que vous ne vous posez même plus la question. **On a toujours confiance en soi sur quelque chose**, après on peut manquer d'assurance pour d'autres éléments, mais bonne nouvelle, même les personnes qui ont acquis cette confiance en soi ne seront pas rassurées, ni performantes sur de nombreuses facettes de la vie. D'ailleurs il est amusant de voir un gars dans la réussite en business être incapable de faire du sport ou de la cuisine, là où le 'looser' fait ça quotidiennement sans même se poser la moindre question. Alors pourquoi cherchez-vous à avoir confiance en vous ? C'est quoi le projet derrière ? Aller voir plus de personnes ? Devenir plus sociable ? Oser des choses que vous pensez louper ? *Un mec qui a confiance peut aussi lamentablement que vous échouer et s'en prendre plein la tête*. Et s'il se relève ce n'est pas parce qu'il a confiance, c'est juste **qu'il est déterminé** et qu'il a la plupart du temps un besoin, une évidence ou un potentiel qu'il veut absolument atteindre, **au prix de sacrifices** comme l'échec et l'humiliation. Voulez-vous donc passer une partie de votre vie à vous plaindre que vous ne parvenez pas à développer une compétence ? Cela vous est peut-être déjà arrivé, par exemple, quand vous avez appris à faire un sport ou un plat, et que sur ce sujet-là ce n'était pas votre fort.

Rien ne vous empêche de vous entraîner et d'y parvenir ou simplement de chercher où vous souhaitez mettre votre temps et votre énergie. Il y a une bonne nouvelle derrière cette énième quête de l'envie ou plutôt du désir d'être confiant... c'est que ce n'est absolument pas utile pour vos potentiels, ni vos perspectives. Vous voulez savoir pourquoi ? Simplement parce que vous ETES, depuis le début de votre vie dans une énergie bien plus intéressante que ce 'skill', **vous êtes un être souple**. Chacun à sa façon, certains plus que d'autres, néanmoins vous avez une aptitude naturelle qui fait qu'aujourd'hui vous êtes encore en vie. **Vous vous adaptez.** Depuis votre naissance, vous avez dû adapter vos envies, vos désirs et besoins à vos environnements, vous avez dû apprendre des codes et des règles totalement contre nature, pour subsister dans un monde qui se meut. **Vous êtes naturellement capable de vous adapter. Et c'est une force incommensurable**. Vous tombez, vous êtes capable de vous relever, de ramper, de crier, de pleurer, de vous énerver, de voir ce qui vous aiderait à vous remettre sur pieds, bref vous trouvez rapidement des solutions, parfois peu agréables, certes, pour continuer à vivre. Nous passons notre temps à chercher à l'extérieur des éléments qui peuvent être largement dépassés par des fonctionnements que nous avons en nous de façon complètement innée. Prenez un temps pour prendre conscience que vous vous êtes sans cesse adapté, même aux pires des situations de votre vie.

Que vous ayez pu avoir des bonheurs et surmonté des malheurs grâce à cela, *est-ce que cette aptitude n'a pas plus de valeur que cette illusion, la confiance en soi, qui vous est revendue à grand renfort de campagne de marketing social* ? Maintenant prenez un instant pour vous plonger dans vos histoires, vous avez pu remonter de situations émotionnellement difficiles, vous avez pu dépasser des blessures et maux physiques, vous avez même dépassé des peurs et des pensées parasites qui vous angoissaient enfant. **Votre faculté à trouver des stratégies est prodigieuse.** *Parfois, ces stratégies doivent être revues parce qu'elles ne sont pas optimum ou qu'elles sont obsolètes.* C'est là qu'intervient le coach qui vous permettra de voir ce qui a été mis en place de façon spontanée, pour vous adapter à une situation et **qui a été un succès**, même transitoire. J'expliquais il y a peu de temps que **les peurs sont des maîtres**. Souvent nous apprenons que les émotions dissonantes sont des choses à éviter et qu'il faut les balayer de notre esprit. Comme vos capacités d'adaptation, **je vous invite plutôt à les étudier.** Même une personne qui dit ne pas avoir, du tout, confiance en elle, parce qu'elle échoue dans tout ce qu'elle met en place, est dans une dynamique de succès et plus encore de *confiance en... sa capacité à échouer.* C'est à nous de voir comment fonctionne cette stratégie, quelles images, quels dialogues, quelles sensations ou quelles projections sont mis en place spontanément pour arriver à réussir à chaque fois.

Nous pouvons nous poser la question sur de **nombreuses qualités adaptatives** que nous avons développées et une fois que nous aurons compris le modèle qui nous fait nous adapter et réussir, il suffira de le remettre en place au quotidien. Pour cela je vous invite à reprendre un principe de base de la PNL. Vous savez *que vous percevez le monde avec vos sens*. Votre cerveau assimile en processus et dans un ordre spécifique. Observez **ce qui est initié dans votre stratégie** d'échouer, est-ce que c'est une image, un son, une sensation, voire une odeur ou un goût. Nous allons dans un premier temps découvrir ce qui est à la source de cet automatisme de succès dans l'échec. Puis prendre un moment pour observer ce qui se passe après. Prenons par exemple une image de ce que vous souhaiteriez mettre en place, qui va éveiller en vous une image de vous en train de commencer la démarche, puis un dialogue interne qui dit que ça peut être super, suivi par un autre dialogue qui vous dit que vous n'allez pas être capable de mettre en place cela ou que ça va louper, puis vous allez vous envoyer une image de vous dans l'échec, avec cette petite voix qui revient, je te l'avais dit, et enfin une sensation d'échec. Ceci est un exemple, qui est assez récurrent lorsqu'on parle aux victorieux de l'échec.

1- Donc de façon basique Ve+ (Visuel externe positif)
2- Vi+ (Visuel Interne positif)
3- Ai- (Auditif interne négatif)
4- Vi- (Visuel interne négatif)
5- Ai- (Auditif interne négatif)
6- Ki- (Kinesthésique interne négatif).

Voilà une belle stratégie. Vous pourriez la mettre dans un **carnet de réussite**, comme étant votre façon de faire pour l'ensemble des succès de l'échec.

Maintenant à votre avis pour avancer dans la démarche et mettre en place une stratégie de réussite pour la réussite, ou en tout cas, pour s'ouvrir les portes du succès que faudrait-il changer ? La première phase qui peut être corrigée est de se créer un Ai+ c'est-à-dire un dialogue intérieur qui s'oriente vers le possible, comme 'je vais faire de mon mieux'.

Et comme nous avons pu le voir plus haut, pas besoin de chercher de la confiance, simplement reconnaître notre **capacité à nous adapter** au mieux à la situation que nous visualisons et que nous sentons comme stimulante à l'intérieur de nous. Nous avons donc la possibilité de nous étudier et de découvrir nos modèles pour les répéter ou les corriger afin de mieux prendre conscience de nos potentiels et de nos capacités. Il est utile que par nous-mêmes nous puissions nous recadrer, où dans le cas d'un coaching, que notre partenaire puisse nous donner des clefs pour que nous puissions ouvrir de nouvelles perceptions et compréhensions de nous, afin de mettre en place les solutions qui nous conviennent le mieux.

6/ Vision

Il nous est parfois difficile d'avoir **une perspective** sur ce que nous mettons en place, sur ce que nous voulons et les expressions comme 'carpe diem', nous enferment dans une sorte **d'obligation à vivre l'instant présent** sans avoir à se projeter dans un futur. Nous le savons, le temps est une perception et il n'y a que la vérité de l'instant qui peut nous donner la conscience la plus 'réelle' des choses. Seulement, rien ne nous empêche de *choisir une direction sur la route et de prendre le temps de vivre le voyage*, de regarder ce qui se passe et les paysages qui défilent. Il y a dans l'esprit commun comme **une contradiction entre vivre l'instant présent et savoir là où l'on souhaite aller**. Comme si tout devait se décider dans l'instant parce que nous ne savons pas ce que la vie va offrir. Cependant, *la vie n'offre pas la même chose en fonction de ce vers quoi nous sommes focalisés*. Une personne qui a très faim va chercher dans une ville un endroit où se sustenter, une personne qui est avide de nouvelles connaissances archéologiques à plus de chances de se diriger vers les vieux bâtiments de cette ville. Nous sommes donc régis par nos envies, désirs et besoins, en fonction de notre façon de les exploiter. Ils nous donnent une cartographie complètement différente du monde dans lequel nous avançons. Nous pouvons vivre intensément le moment en sachant que nous souhaitons nous diriger vers un lieu précis. Certains, sur le chemin, se laisseront porter par les envies, d'autres ne répondront qu'à leurs désirs et certains garderont le cap le plus direct vers la réalisation du besoin.

Pour autant, chacun pourra avoir la sensation de **vivre en présence dans sa vie**. Dans cet essai, je souhaiterai que vous preniez le temps de découvrir quel potentiel, voire quelle évidence s'éveille en vous. Une fois que vous êtes en contact avec cette pièce de votre château de l'esprit, il est important de vous poser et de vous demander ce que vous allez **mettre en place** pour l'exprimer et plus encore **l'habiter**. C'est important de prendre ces instants avec soi-même pour éviter de se mentir et plus encore pour savoir ce que nous allons **organiser comme stratégie**, tout en prévoyant les **sacrifices possibles** que nous allons certainement devoir accepter. Avoir une vision est la plupart du temps lié à un besoin fort, quelque chose qui nous demande un investissement, qui nous amènera à utiliser notre capacité naturelle à nous adapter et surtout nous réadapter quand nous allons avoir des retours non positifs de nos stratégies de vie. *Une vision est une idée que nous allons préparer et mettre en place sur plusieurs années*, je parle souvent de 5 ans mais c'est un chiffre complètement personnel. Il est utile de voir sur quelques années, cela nous permet de voir les étapes que nous avons en tête, les deadlines, savoir si nous suivons les bonnes orientations et amener les corrections quand nous ne nous trouvons pas dans la juste situation. *La vision est poussée par ce besoin et plus encore par ce potentiel et cette évidence qui nous animent.* C'est ce qui va faire que tous les matins, même les jours où tout n'est pas clair dans notre tête, quand nous ne sommes pas de belle humeur, bref quand nous nous levons du pied gauche, nous allons quand même faire notre demi-heure de médiation, de marche, de réflexion ou d'étude.

Nous cherchons à nous investir à chaque instant vers l'accomplissement. Nous sommes parfois **en recherche d'un dogme** pour nous donner une vision de vie. C'est souvent un chemin bien plus rapide et facilité par l'expérience des autres. Que ce soit spirituel, matériel ou économique, certaines personnes entrent dans un mouvement qui pourra leur ouvrir les yeux sur ce dont ils ont besoin ou sur leur évidence. Un de mes meilleurs amis me disait que **tout le monde n'est pas fait pour créer sa vision**, qu'il est aujourd'hui plus simple de trouver celle qui existe et d'y adhérer, pour, à minima, découvrir de nouveaux potentiels de vie. C'est possible, néanmoins à mes yeux, le principal est que chacun d'entre vous puisse **trouver ce qui va vous éveiller à vous**. Cette flamme qui vous donnera une vision de votre vie, qui va allumer ces pièces sombres de votre château, qui vous permettra de donner un sens qui vous touche profondément à votre quotidien. Parfois, nous pouvons nous perdre à penser que notre vision de vie doit être grandiose. C'est vrai que, là encore, nous avons été marketés pour cela. *Je ne pense pas que nous ayons besoin de chercher quelque chose d'extraordinaire.* Parfois, simplement aller sur les meilleurs spots de surf du monde, fonder une famille, trouver des amis vrais et sincères ou créer sa propriété auto suffisante, sont des visions qui habitent des personnes. Il arrive parfois qu'on se moque encore des personnes qui passent leur quotidien dans le métro-boulot et dodo. C'est, à la limite, considéré par certains comme une perte d'humanité, des êtres qui ne sont que des moutons d'un système.

C'est une conclusion un peu facile, parce que *nous ne savons pas pour quelle raison, ils sacrifient certaines choses.*

Certaines personnes se voient préparer une retraite dans une maison qu'ils ont mis 20 ans à rebâtir, dans un lieu qui leur donne du plaisir juste en y pensant. Certains se diront qu'ils ne savent pas s'ils auront le temps d'en profiter, c'est vrai, seulement comme je vous l'ai précisé en début de chapitre, *ce n'est pas nécessairement le résultat qui aura le plus d'importance mais le cheminement qui donne du cœur à l'ouvrage, qui ouvre l'esprit et qui rend très souvent joyeux.* **La vision est un moteur**, c'est ce qui nous offre du fuel tous les jours dans notre esprit et dans notre cœur, c'est personnel, c'est un cheminement, c'est un but et l'un est lié à l'autre dans tous les instants de nos vies.

7/ Attitude

Quand nous nous sommes connectés à la vision que nous souhaitons mettre en place dans notre quotidien, il semble important de prendre conscience de l'attitude que nous allons construire. **C'est dans cette attitude que nous allons retrouver une forme de discipline** dans notre quotidien. Il se peut que vous deviez changer qui vous êtes. C'est un élément important dans votre notion de sacrifice. Est-ce que ce qui m'habite ne va pas faire émerger un potentiel qui va **changer mes comportements**. En réalité, ce n'est pas changer ce que vous êtes, mais plutôt faire émerger de nouvelles facettes de vous-même et de créer de nouveaux comportements qui pourraient être complètement à l'opposé de ce que vous aviez l'habitude de présenter. Si vous avez la vision de vous comme le futur grand gestionnaire d'une entreprise ou que vous vous voyez au conseil d'administration d'une grande entreprise, dans votre image de vous, il y a de fortes chances que vous soyez en train de porter des costumes et avoir une façon de parler plus soutenue. C'est ce que vous souhaitez développer, c'est ce que vous sentez habiter, alors il est important de vous **mettre en action dans cette dynamique-là**. Normalement, cela se fait facilement, c'est juste particulièrement *étonnant pour les personnes qui vous suivent depuis quelques années*. C'est comme si vous deveniez quelqu'un d'autre, parfois vous semblerez superficiels, faux, différents… Pensez à cela, si vous rentrez dans une spiritualité, il y aura aussi des changements.

Plus que l'aspect physique et quelques comportements, peut-être qu'à l'intérieur de vous, vous changerez des éléments de votre quotidien, certains deviennent végétariens, d'autres prient ou méditent. La façon de parler, que ce soit en interne ou avec les autres, devra également être prise en compte. *Nous ne pouvons pas avancer dans un monde nouveau qui nous appelle, en imposant la carte du monde que l'on habite actuellement.* Nous allons prendre un moment pour apprendre les codes et puis, si nous sommes dans la bonne phase, peut-être pourrons-nous devenir les nouveaux maîtres du jeu, pour changer les règles. Notre attitude ne se fait pas pour les autres, elle se met en place pour nous, parce que **nous sentons que nous avons besoin** de cette façon de faire et d'être. Dans notre attitude, nous savons que nous devons garder en tête ce que nous cherchons à mettre en place. *Cette attitude est ce qui vous permettra de vous relever quand vous allez tomber.* Il ne faut pas se raconter des histoires, ce n'est pas parce que nous avons un potentiel, que nous avons une vision et une attitude que nous allons droit vers la réussite. Ce n'est pas parce que nous mettons en place des stratégies, que nous nous interrogeons et nous corrigeons, que nous n'allons pas nous prendre des claques. Ce n'est pas parce que nous avons sacrifié quelques éléments de notre vie que nous n'aurons pas à le refaire. Nous empruntons un chemin qui comme la plupart des chemins de la vie est inconnu et plein de surprises. Il y aura des bons moments, des choses inattendues qui pourront nous booster, des rencontres qui pourront nous stimuler, des moments où tout semblera particulièrement fluide.

Et il y aura les autres. Ces moments de galère qui s'enchaîneront. **Nous devrons encaisser les coups.** C'est *une aptitude qu'il faut être prêt à développer* dans notre attitude. Apprendre à serrer les dents et recommencer. Rarement de la même façon, sinon nous allons juste répéter un schéma dissonant. Nous pouvons utiliser le principe **T.O.T.E : Test Operate Test Exit.** On met en place un test vis-à-vis des objectifs que nous avons, nous opérons les changements ou les ajustements en fonction des résultats obtenus, puis nous testons de nouveau pour vérifier que les retours sont positifs, que nous avons fait ce qu'il fallait, puis nous passons à l'étape suivante. Avec cet état d'esprit nous sommes dans une démarche qui offre une prise de distance vis-à-vis de ce que nous mettons ne place. **Nous ouvrons la possibilité à l'échec,** comme **un retour à prendre en compte pour mettre en place des ajustements dans nos prochains tests.** Alors oui, c'est difficile parfois de savoir quoi faire ou quoi corriger. Dans votre attitude, vous pouvez et devez garder de l'humilité. Cette qualité va vous permettre de **demander de l'aide.** Vous oserez dire que vous ne savez pas ou que vous ne savez plus. Vous allez vous rendre compte qu'il y a **des personnes d'expériences qui pourront vous soutenir,** voire vous aurez la capacité d'aller vous former avec ceux que, peut-être, vous critiquiez quelques années auparavant. La plus belle image que j'ai sur le sujet est celle de Neil Magny, un combattant de MMA, qui après sa défaite face à Damian Maia est allé faire un séminaire avec lui. Il est utile de **garder cet esprit humble,** de pouvoir vous remettre en question.

Ce n'est pas vous mésestimer, au contraire. C'est vous rendre compte **qu'il existe de la valeur là ou vous n'étiez pas capable de la voir.** C'est une preuve que vous grandissez et que votre vision vous donne les attitudes qui vous conviennent pour arriver là où vous souhaitez vous diriger. Avec votre attitude qui va évoluer et s'orienter vers de nouvelles choses, il est utile que vous pensiez à vous **entourer de personnes que vous allez estimer comme positive et constructive pour vous** et vos ambitions de vie. Il n'y a rien de mal d'avoir des proches qui peuvent douter des choses, cela nous permet de nous **remettre en question** et de redescendre un peu sur terre quand nous sommes dans **une forme d'idéalisation** des choses. Seulement entre les personnes qui nous recadrent avec bienveillance, avec une carte du monde qui peut nous indiquer des éléments que nous n'avons pas pris en compte et ceux qui *souhaitent détruire complètement notre motivation, notre projet, notre besoin,* il y a une différence. **N'hésitez pas à mettre ces personnes-là, le plus loin possible.** Il y a de fortes chances que votre nouvelle attitude de vie les insupporte et qu'elles se séparent de vous spontanément, certainement dans de grands fracas. Pourquoi s'entourer de personnes positives ou en tout cas que vous estimez positives pour vous ? Simplement parce que vous pouvez avoir une vision commune. Vous aurez des partenaires de voyage, peut être pendant un petit moment, parfois pour bien plus longtemps. *Même s'ils n'ont pas le même objectif, ils comprennent, partagent, motivent et souhaitent pour vous ce qu'ils veulent pour eux.* Vous y verrez des attitudes complémentaires et des idées qui peuvent vous compléter.

Cela fait partie des sacrifices également, trouver des personnes qui ont une vision, voire une vision proche de la vôtre, va **vous imposer à faire du ménage dans les relations de votre vie**. Pourquoi ? Simplement parce que vous n'aurez plus le temps pour les autres, **vous n'aurez plus l'énergie de vouloir persuader les autres, vous l'aurez pour éveiller encore plus les possibles.** Vous n'aurez pas besoin de personnes qui ne veulent pas vous suivre, juste le besoin d'être bien accompagné. **Cette étape peut faire mal,** vous allez peut-être quitter certaines personnes qui vous ont été les plus proches pendant des années, voire des décennies. Osez se séparer et se donner le droit de vivre de nouvelles opportunités Vous pouvez constater que l'attitude peut toucher de nombreux éléments dans vos vies. **C'est un élément qui vous demandera une démarche quotidienne.** Parfois vous allez rendre certaines actions et comportements automatiques, néanmoins ne pensez pas que ce sera le cas pour tous les thèmes que vous décidez de mettre en place. Comme le soulignent de nombreux pratiquants de yoga qui travaillent en eau glacée, cela reste toujours quelques instants désagréables avant de prendre la partie positive et cela même avec les années. Vous aurez le même écho chez de nombreux sportifs pendant la préparation physique, c'est une fois la session terminée qu'ils prennent plaisir aux endorphines. Ce qui vous permettra de maintenir votre cap, c'est de garder en tête votre évidence/potentiel que vous souhaitez mettre en œuvre. Prenez le temps dans vos routines, tous les jours, de bien prendre un temps pour visualiser votre perspective. Vous pouvez le faire en auto hypnose ou en méditation.

Les différents éléments seront de plus en plus liés et vous allez vous apercevoir que votre attitude bougera de nombreuses choses autant physiquement, psychiquement, émotionnellement que matériellement. Ouvrez-vous à ces nouveaux possibles.

8/ Focus

Comme je vous le soulignais dans le chapitre précédemment, vous allez devoir vous orienter vers ce que vous souhaitez. C'est d'ailleurs une des raisons par lesquelles nous conseillons à nos coachés de se diriger vers ce qu'ils veulent et de ne pas perdre leur temps à lister ce qu'ils ne veulent pas. *Tentez de viser les choses que vous ne voulez pas... vous aurez de trop nombreuses cibles* qui une fois atteintes... ne vous donneront que la satisfaction d'avoir détruit ce que vous ne voulez pas... une énorme perte de temps et d'énergie pour vous. Il est donc important que vous gardiez votre vision et que vous puissiez y **créer des étapes**, pour vous offrir la possibilité de savoir vers quoi vous allez vous diriger, pour éviter que les envies de dernières minutes ne viennent ruiner votre projet et votre concentration. Se focaliser peut sembler un peu étrange dans notre société actuelle qui est saturée par des stimulus de toute part, à commencer par nos portables qui sonnent régulièrement. Se focusser, revient à éteindre votre téléphone, voire à le mettre en silencieux et de le laisser dans un tiroir, le temps que vous lisiez, que vous étudiez ou que vous posiez votre projet. C'est un état d'esprit, c'est savoir ce que l'on veut et où l'on souhaite aller et ne pas y déroger, simplement pour s'adapter. Pour reprendre l'image du voyage, il est préférable que vous connaissiez votre destination et qu'importe que vous préfériez prendre des départementales ou le faire en vélo, sur votre carte ou GPS, vous avez quand même votre destination finale et vous n'allez jamais volontairement aller dans le sens inverse.

Quand vous souhaitez atteindre votre potentiel, faire vivre votre évidence, cette idée *peut sembler obsessionnelle* pour les autres, qui ne sont pas dans cette perception des choses. Pour beaucoup, votre idée ne sera qu'une idée, une activité comme une autre ou un travail 'intéressant'. Eventuellement, ils accepteront votre passion, mais ne comprendront pas pourquoi vous avez votre mode de vie, votre façon de voir ou de faire dans la vie. Si vous avez cet entourage… revenez au chapitre précédent et pensez peut-être à **vous en séparer**. *Quand vous êtes focalisé, cela ne vous empêche pas de répondre à certaines envies*, néanmoins vous verrez qu'elles deviendront de moins en moins présentes et c'est votre besoin qui prendra le pas, vous serez dans une forme de tunnel, qui orientera vos pensées et vos comportements, votre attitude, à avancer ou en tout cas à examiner. *Se focaliser aujourd'hui, certainement plus qu'avant, demande une concentration importante.* Nous devons réapprendre à nous fixer quotidiennement sur des sujets, sur des pratiques et des réflexions. Cela peut être parfois plus complexe quand on a une vie de famille intense ou de nombreuses activités. Pour les personnes qui ont la difficulté de choisir parce qu'elles estiment que choisir c'est renoncer, je vous invite à prendre la problématique autrement, choisir c'est vous offrir des opportunités de nouveaux choix. L'attitude et la focalisation entre les deux cadres sont celles que nous devons comprendre pour avancer sur le focus.

Le choix comme renoncement est une projection de divers futurs, donc de multiples envies qui vont se construire, le choix comme une opportunité, c'est rester dans un axe ou nous allons nourrir un besoin, **un cheminement et moins un instant.**

Gardez en tête la direction. Voyez où vous vous trouvez sur les étapes. Il est utile que vous puissiez vous donner de la satisfaction dans votre cheminement. Nous ne pouvons rester pleinement focalisés que si nous nous donnons **des récompenses.** Il y a des moments, vous serez bien centré pendant des semaines et vous ne verrez rien arriver ou des résultats négatifs. Il est utile dans ce cas-là de vous donner **de quoi vous faire plaisir,** d'aller dans quelques envies, pour que vous puissiez garder un esprit créatif et volontaire. *Une fois que vous aurez repris de l'énergie, il faudra reprendre vos stratégies et repartir sur le chemin.* Cela revient à vous arrêter dans une auberge, pour récupérer, vous poser les bonnes questions et voir si le chemin que vous prenez est réellement celui que vous devez prendre, s'il n'y a pas une alternative. Plus vous prendrez de l'expérience plus vous pourrez rester longtemps focalisé.

9/ Idéalisation

Si nous avons un ennemi malicieux à prendre au sérieux c'est bien l'idéalisation. En général, quand je parle de l'évidence, il y a de nombreuses personnes qui se mettent à chercher des choses incroyables à mettre en place. Ils partent dans **des projections extraordinaires.** Souvent un vague souvenir d'enfance de ce dont ils avaient envie, devient une quête de vie. C'est comme s'il fallait qu'ils trouvent cette évidence mordicus quitte à se mentir dans cette démarche. L'objectif de **la méthode EVAF est justement de se retrouver dans ce qui est le plus juste avec nous-mêmes**, pas de se vendre un monde qui ne nous correspond pas et qui, pire encore, nous sépare de cette voix qui va se perdre dans le vacarme des fantasmes. Idéaliser ce que l'on souhaite ce n'est pas voir grand. Je suis complètement **l'idée de voir grand, d'oser voir plus grand que ce que le monde nous demande de regarder.** Seulement, *beaucoup ne voit pas grand, ils fantasment sans avoir la moindre intention de se mettre en action.* C'est le coaché qui veut perdre 40 kilos et se mettre au crossfit pour avoir un corps qui lui convient, mais qui ne veut pas se donner une attitude qui convient, qui ne souhaite pas tenir sa nouvelle diète ou rechigne à faire des exercices. Par contre, il va passer ses journées à regarder des vidéos de motivation de ceux qui ont réussi. S'il ne parvient pas à ses objectifs ce sera la faute des autres. Les idéaux se démasquent rapidement sur le terrain.

Il suffit de quelques semaines pour voir des personnes changer de disciplines et d'objectifs, en somme se laisser porter par de nouvelles envies qui *leur permettront de rêver sans avoir à trop s'investir*. **L'idéalisation empêche d'accepter les sacrifices**, souvent vous entendrez des personnes qui vous diront que c'est une croyance limitante que de penser qu'il faut sacrifier quelque chose pour obtenir un autre élément. Je comprends ce discours, néanmoins je n'ai que peu ou pas croisé de personnes, qui avaient de grandes visions, faire un retour d'expérience indiquant qu'ils n'ont pas fait des efforts et pris quelques portes avant de réussir. Même avec des visions plus modestes, en reprenant par exemple la perte de poids, c'est ce qu'on ne cesse de vendre dans les magazines, mangez comme avant et perdez 10 kilos en un mois et demi, et on voit le résultat dans une société qui galère de plus en plus à retrouver un corps qui lui convient. Idéaliser, c'est trouver un évitement vers la réalisation. Nous pouvons passer des semaines à rêver de mettre en place un projet, si nous ne faisons pas le premier pas, si nous ne découvrons pas **les retours sur la réalité**, nous ne pouvons que prédire de belles choses. Le monde du marketing est plein de flops, parce que les designers ou les créatifs restent dans une démarche idéale avec leur produit et que le consommateur du quotidien n'en voit aucune plus-value. Comme je vous le proposais en amont dans l'ouvrage, la création d'un objectif demande quelques critères importants. Il en est un qui n'est pas toujours mis en avant et qui, dans le cadre de l'idéalisation, prend tout son sens. C'est **la validation sensitive** de mettre en place l'objectif que nous avons.

En gros, comment pouvons-nous valider dans le dur la possibilité de mettre en place cette idée. Trouver **des éléments factuels** qui nous en rapprochent. Comme, par exemple, une inscription à un stage ou à une formation, comme l'achat de produits ou encore un premier contact téléphonique. Pour éviter de se raconter trop d'histoires et de facilement éluder la question, **demandez à minima 3 actes sensoriels/factuels à mettre en place dans les jours à venir**. Cette simple étape peut complètement chambouler tout le projet et l'appel perçut en amont. *Quand nous sommes dans notre potentiel/évidence, cela n'a rien de contraignant, nous souhaitons au contraire éviter les désillusions et plonger dans la réalité*. Il y a une envie de voir se réaliser ce qui se passe dans la tête. La plupart du temps, un plan d'actions va être mis en place pour permettre de faire naître des résultats. L'idéalisation ne dépasse que rarement la réflexion sur les objectifs transitoires et plus encore les stratégies à développer. Comme je vous l'ai dit, l'investissement peut être proportionnel à l'envie, donc la plupart du temps, léger et éphémère. S'il faut passer plusieurs heures pour définir une stratégie qui devra être revue et corrigée toutes les semaines ou tous les mois, **le côté magique s'envole**. L'idéal nous oriente vers du 'tout se met en place facilement', le côté 'l'univers abonde dans mon sens', seulement le temps ramène à d'autres réalités. Il est utile d'avoir *une attitude confiante et ouverte aux différents éléments qui peuvent arriver, mais, là encore, il arrive que tout soit cyclique et donc que l'ouverture devienne une fermeture et que nous devons être prêt à cette alternative*. Planifier et avoir une vision nous offre cette opportunité.

Prenez donc un moment pour vous demander si c'est réellement une ambition qui fait écho à vous-même ou juste un instant de plaisir jouissif sur une projection agréable dans le futur, mais qui ne verra jamais le jour, sachant l'effort et le temps qu'il y aura à y consacrer. Parfois, chercher à développer des potentiels différents pourrait apporter bien plus de bien-être.

Conclusion

Dans cet essai, j'ai voulu vous donner des pistes de réflexions quant à la façon dont vous pouvez rechercher des objectifs. Il est toujours intéressant quand nous travaillons pour nous-mêmes d'être **le plus sincère possible.** *Je ne suis pas un fan de l'humain, je suis par contre persuadé qu'il est rempli de potentiels.* Ces flammes n'attendent que d'être exploitées. Parfois, nous ne savons pas comment nous y rendre et l'introspection, les questions et l'exploitation de nos transes peuvent être un moyen efficace. Vous allez vous rendre compte que sur de nombreux éléments de votre quotidien vous allez pouvoir utiliser la méthode EVAF ou des parties du système. Il est toujours utile de chercher **quel est le potentiel que vous pouvez développer dans n'importe quel type d'activité.** Qu'est-ce que cela pourra éveiller en vous et que, peut-être même, vous allez dépasser des peurs ou des blocages que vous avez développés, en laissant **la stimulation de vos potentiels s'exprimer.** Vous pouvez être impressionné par la beauté de votre lieu de vie, votre château des esprits. De même, savoir là où vous vous dirigez, que ce soit pour un talent ou une ambition, ou plus simplement dans votre quotidien, avec votre travail, votre famille ou vos amis, mais aussi avec vous-même. Cette direction, ou plutôt cette prise de conscience, pourrait vous décider de faire demi-tour ou d'aller explorer d'autres emplacements. Peut-être que de l'envie de suivre une route vous ressentirez le besoin d'aller découvrir d'autres pistes.

Vous pouvez également prendre quelques instants pour **vous pencher sur vos attitudes**. Dans votre quotidien est-ce que vous aimez vos attitudes vis-à-vis du boulot, de la vie, des autres ou de n'importe quel domaine. **Est-ce que ce que vous êtes, correspond à ce que vous proposez ?** Enfin réapprendre à se concentrer ou à focaliser nos pensées et nos actions vers ce que nous pouvons trouver de bon et de positif, que ce soit dans notre tête ou avec nos systèmes. Il est tellement facile aujourd'hui de ne plus se sentir capable de 'contrôler' ses pensées, alors qu'il suffit bien des fois de se concentrer vers des pensées différentes. Nous sommes responsables de nos dialogues internes et si aujourd'hui nous sommes tellement dans un processus dépréciatif, c'est aussi parce que nous ne focalisons pas vers des éléments qui peuvent nous être constructifs. *On peut attribuer la faute au monde entier ou juste reprendre ce merveilleux potentiel de choisir, orienter, voire nous imposer des pensées, images, sensations et émotions plus justes.* Si dans cet ouvrage j'ai pu vous donner quelques envies, voire un désir, sans partir dans un idéal bloquant mais dans une réalisation d'un petit quelque chose qui pour vous à de la valeur, alors je pourrais me dire que ça répond à mon besoin de vous permettre de vous ouvrir à vos potentiels.

Be One

Pank, le 5/09/17 au Chesnay

Qui est HnO Hypnose ?

HnO Hypnose est une association de pratiquants et de praticiens en Hypnose à tendance Elmanienne, Hypnosophie, Hypnose Fusion et Thérapies Durables.

Notre but est de rechercher, développer, pratiquer et diffuser sur ces sujets.

Pour ce faire, nous utilisons plusieurs leviers : des formations, des cabinets ouverts, de l'Hypnose Urbaine, des livres, des audios, des live Facebook, des Podcasts...

Nous organisons des formations en Hypnose Classique Curative, Hypnosophie et Psycho-Pratique Intégrative ainsi que des ateliers en thérapie durable.

L'Hypnosophie est une discipline de synthèse et intégrative. L'hypnose est un vaste monde avec des écoles, des styles et des tendances.

Plus qu'un style, nous souhaitons intégrer, sur les bases communes de l'hypnose, une ouverture globale.

Nous organisons des cabinets ouverts, dans le but de faire découvrir l'aspect curatif au plus grand nombre.

Toutes les semaines nous organisons des sorties Hypnose Urbaine ou des Hypno-papotages.

Nous y invitons des praticiens mais aussi des amateurs.

Le but étant de faire connaître, dans un autre contexte que le soin, ce qu'est l'Hypnose.

Cette expérience humaine est extraordinaire. Nous pouvons dissiper les à priori et faire vivre des expériences agréables aux passants.

Vous pouvez trouver plus d'informations sur ce que nous mettons en place sur : www.hno-hypnose.com
Nous avons mis en place un site de Mp3 d'Hypnose pour faire vivre des micros séances. Vous trouverez des informations sur : www.hno-mp3-hypnose.com

Si vous souhaitez nous rencontrer, échanger, partager, n'hésitez pas à nous contacter :

Mail : hype.ose@gmail.com

YouTube / Twitter / Facebook : Hype-N-Ose

Formations HnO Hypnose

Vous pouvez retrouver de nombreuses formations GRATUITES Online :

Apprendre l'Hypnose et les Concepts de Base :
https://apprendre-hypnose.org/

Apprendre la Programmation Neuro-Linguistique :
http://apprendre-la-pnl.fr/

Apprendre l'Auto Hypnose :
http://www.apprendre-auto-hypnose.fr/

Se Former en Hypnose Spirituelle :
https://formation-hypnose-spirituelle.co/

Apprendre le Magnétisme :
http://www.apprendre-le-magnetisme.fr/

Vous pouvez également retrouver quotidiennement des vidéos sur l'Hypnose/Hypnosophie, le coaching et les psycho-pratiques sur :
https://laboratoire-hypnose.com/

Et apprendre à gérer vos douleurs :
http://hypnose-douleur.jimdo.com/

Vous retrouverez également de nombreuses formations présentielles :

Formation en PsychoPratique Intégrative (PPI) et Hypnosophie :
https://goo.gl/kjwE64

Formation en Hypnose H-Ultra (Hypnose Profonde) :
https://goo.gl/MMUlWB

Formation en Hypnose Panko-Elmanienne :
https://goo.gl/crSyj7

Formation en Hyperempiria :
https://goo.gl/c3xful

Formation en Hypnose Urbaine :
https://goo.gl/SGyVVJ

Toutes les informations sont disponibles sur www.hno-hypnose.com

www.ingramcontent.com/pod-product-compliance
Lightning Source LLC
Chambersburg PA
CBHW070327290526
45791CB00003B/1285